AF357238

SOUVENIRS D'OXFORD

ET

DE CAMBRIDGE

PIERRE DE COUBERTIN

SOUVENIRS D'OXFORD

ET

DE CAMBRIDGE

EXTRAIT DU *CORRESPONDANT*

PARIS

JULES GERVAIS, LIBRAIRE-ÉDITEUR

29, RUE DE TOURNON, 29

1887

SOUVENIRS

D'OXFORD ET DE CAMBRIDGE

Les célèbres universités d'Oxford et de Cambridge ont de tout temps attiré les voyageurs; on a décrit leurs monuments et classé leurs précieuses collections; on s'est plu à redire aussi tout ce que le moyen âge a laissé de traces dans leur constitution intérieure et dans le cérémonial qu'on y observe; et cela a conduit à les considérer comme des institutions surannées destinées à s'effrondrer d'elles-mêmes dans un avenir assez prochain. C'est une erreur : là, plus que partout ailleurs, les Anglais, en qui l'esprit de tradition et l'esprit de nouveauté se trouvent à tel point mélangés, ont greffé le présent sur le passé et, derrière les façades vénérables religieusement conservées, ont bâti selon les exigences du confort moderne; leurs collèges sont gothiques d'architecture : un peu gothique aussi est leur enseignement, mais point du tout leur éducation à laquelle la vie universitaire sert de couronnement.

Cette existence peu connue ou peu appréciée en France, les notes qu'on va lire pourront peut-être en donner quelque idée; si elles y parviennent, on leur pardonnera la forme familière et le style parfois un peu télégraphique que j'ai cru devoir leur laisser.

. . . .

... Par une belle journée d'août, rien de plus charmant qu'Oxford! Elle est, il est vrai, veuve de ses étudiants, mais n'a pas l'air d'une cité morte. Tout ensoleillée et pleine de parfums, elle semble plutôt goûter le repos de la sieste. Grâce à une brise légère qui tempère la chaleur, on ne se lasse pas d'errer dans ce dédale de merveilles; à chaque pas, c'est quelque chose de nouveau : le ciel bleu à travers une dentelle de pierre grise, une gargouille vétuste s'allongeant à l'angle d'un édifice, une tour, un clocher ou la masse d'une coupole imprévue surgissant tout à coup comme d'une boîte à surprises ; puis des ruelles mystérieuses, de sombres recoins, des escaliers tortueux et des cloîtres ouvrant leurs arceaux sculptés sur de grands jardins à l'aspect délicieusement frais.

Le chèvre-feuille grimpé aux façades et le lierre sur les pignons. Aux rebords des vieilles fenêtres gothiques, des paquets de fleurs mêlent leurs tons éclatants : elles égayent aussi la froide monotonie des constructions élevées par Christophe Wren, — le fameux architecte de Saint-Paul, — et dissimulent les pilastres noircis dont les pierres s'effritent, s'en vont par lambeaux, comme rongées par une maladie inconnue ; et, dans les parcs, elles dessinent sur les tapis de gazon de charmantes mosaïques.

Montez à la *Radcliffe Library* par un petit escalier casse-cou ; vous serez bien récompensé en atteignant le pourtour extérieur du dôme. L'œil embrasse le vaste panorama de la cité, dont les monuments se détachent sur une ligne pâle de bois et de collines : paysage tranquille sur lequel flotte comme un brouillard de nacre et dont les carillons mélancoliques qui chantent les heures troublent seuls le silence. — Partout, le calme et le repos ! C'est le paradis pour les vieux professeurs qui fouillent dans les cartons poudreux…

… Magdalen College s'agrandit. Mais l'architecte n'a pas cru pouvoir mieux faire que son habile devancier, et ses ouvriers sont en train de ciseler une figure qui, dans quelques années, ressemblera identiquement à sa voisine, à moins que celle-ci ne vienne à faire usage du *Pear's soap.* — Un portier débonnaire dort dans sa loge moyen âge. Au-dessus de lui se dresse la tour sur le sommet de laquelle se disaient, récemment encore, à l'aube du 1er mai, des prières pour l'âme du roi Henri VII. Et voici, à côté, la niche étroite, creusée dans le mur, qui sert à prononcer en grec le sermon de la Saint-Jean. Une jeune miss, tout de blanc vêtue, en prend un rapide croquis. Dans la chapelle, le soleil projette par les vitraux de grandes lueurs multicolores sur un monde de statues formant muraille au-dessus de l'autel, tandis qu'étincelle, entre les boiseries sombres, l'aigle-pupitre de bronze doré.

Et l'on va toujours, subissant le charme poétique de ces édifices solitaires, visitant les collèges les uns après les autres, passant du parc à la chapelle et de la chapelle au *hall.* — Le hall, c'est le réfectoire, pièce immense avec de hautes fenêtres, des lambris de chêne et de solennels portraits où sont représentés les grands personnages qui étudièrent en ce lieu. C'est là que, chaque soir, le dîner réunit les *collegiate students.* Il y en a qui résident en ville ; mais il me semble que, à leur place, je ne sacrifierais pas, au plaisir de me dire un peu plus libre, celui d'habiter ces vieilles demeures qui ont à la fois la majesté de l'antique et l'éclat de la jeunesse.

L'*University calendar*, que je trouve sur la table du Clarendon-Hotel, donne une foule de renseignements précieux; les dates des cérémonies encore en usage et des jours fériés où les docteurs mettent leurs belles robes rouges, — la liste des grands dignitaires en tête desquels figure lord Salisbury, comme chancelier, — celle des membres de la *Congregation*, corps délibérant qui gouverne l'université; enfin l'énumération des collèges avec une petite notice historique sur leur origine, l'indication des bénéfices ecclésiastiques qui en dépendent, le détail de leur organisation et la liste de leurs *fellows*. Il y en a vingt : tous, sauf le dernier, ont été établis entre 1263 et 1624 (pour ne pas remonter jusqu'à la fondation un peu problématique faite en 872 par Alfred le Grand). Parmi les fondateurs figuraient des rois, des évêques, des ministres et aussi de simples particuliers : tous avaient en vue d'entretenir des écoliers pauvres avec les revenus des biens immobiliers qu'ils léguaient; mais ils réglementaient et le nombre des *fellows* et parfois leur origine, limitant les choix à ceux qui étaient nés dans tels comtés, étudiaient telle branche de la science ou avaient passé par tel établissement. Il arriva que les biens augmentèrent de valeur et les collèges s'enrichirent. D'ailleurs, d'autres largesses venaient s'ajouter aux premières : de nouveaux bienfaiteurs créaient des bourses ou laissaient même des sommes importantes sans en indiquer la destination. Les *fellows* se partageaient les revenus nets du collège; les *scholars* touchaient une allocation fixe pendant un temps déterminé : les *servitors* recevaient une part d'instruction en échange de certains services domestiques dont ils étaient chargés : la fortune des collèges augmentant toujours, on prit des *pensioners* : c'est dans cette catégorie que rentrent les étudiants actuels et leur nombre est illimité : ils payent, mais pas en proportion des avantages dont ils jouissent, car ils profitent de tout le luxe qui les environne.

Les collèges ont chacun un *visitor*, qui est un grand personnage ou même le souverain lui-même, et un chef réel qui s'appelle *warden*, *rector* ou *master* : les *fellows* l'élisent; ceux-ci ne doivent pas être loin de 600 à Oxford, mais c'est à peine s'il y en a 200 prenant part directement à l'enseignement en qualité de professeurs (*lecturers*) ou de répétiteurs (*tutors*) : les autres y demeurent étrangers et travaillent pour leur propre compte. Ce sont des ecclésiastiques, des savants résidant dans le collège ou même des personnes vivant en dehors de l'université, qui jouissent de leur

*

prébende pendant dix ans au plus et s'en servent pour se créer une situation ou se faire connaître. On conçoit de quelle estime sont entourés les *fellowships*. L'opinion publique ne tolérerait pas qu'un pareil avantage fût accordé à celui qui n'en serait pas digne, aussi le concours est-il peu à peu substitué au choix ; cette réforme est due à la commission qui, il y a peu d'années, a révisé les statuts des collèges, mais avec une extrême circonspection et en respectant dans les limites du possible la volonté du fondateur.

Le vice-chancelier reçoit une indemnité de 15,000 francs, me dit-on ; le *master* d'un collège, 30, 40, quelquefois 50 000 francs, mais il est obligé à de grandes dépenses ; les *fellows* ont ordinairement entre 5000 et 7000 francs ; quelques-uns ont beaucoup plus et jusqu'à 18 000 francs ; pour les *scholars*, cela varie entre 500 et 2000 francs. Quant aux étudiants, ils dépensent 5000 francs par an facilement ; celui qui vit avec beaucoup d'économie peut se contenter de 3500 francs, ou moins encore, si c'est un boursier.

Faute d'étudiants à observer, il faut se contenter des types dépeints dans *Tom Brown at Oxford*, quitte à revenir voir une autre fois si la peinture est toujours exacte. Ce roman, cité par M. Taine, dans ses *Notes sur l'Angleterre*, a joui d'une grande vogue [1]. Tom Brown, sorti de Rugby, l'une des grandes écoles préparatoires du Royaume-Uni, vers l'an 1842, vient ensuite faire ses trois années de stage à Oxford, dans un collège imaginaire où la paresse est dominante et où l'argent coule à flots : il a dix-huit ans : il est *commoner*, c'est-à-dire qu'il ne dîne pas à la table des *noblemen* (héritiers d'un titre nobiliaire), lesquels sont privilégiés de maintes façons, mais qu'il partage leurs plaisirs hippiques et autres ; le sport nautique l'attire, et il devient un rameur de première force. Il se lie d'étroite amitié avec un *servitor*, caractère fier et ombrageux qui souffre d'une position subalterne et du dédain des riches. Cependant à travers les péripéties de sa vie joyeuse, ses idées se forment et son bon sens le guide vers un autre idéal. L'auteur fait toucher du doigt à son héros tous les abus d'alors et, sans doute, lui prête ses propres raisonnements ; et la première année se termine dans le tourbillon de cette semaine de fêtes qu'on nomme la *Commemoration*, pendant laquelle on danse follement sous les vieux portiques. La seconde année sera plus sérieuse. Tom se rapproche de ceux qui ne se contentent pas comme lui du

---

[1] Les extraits cités par M. Taine ne correspondent plus du tout avec le présent état de choses dans les universités ; l'esprit n'est plus le même et l'égalité y a fait de grandes conquêtes.

diplôme ordinaire et aspirent aux « honneurs ». Du sport toujours : mais aussi des discussions politiques et sociales, des germes d'association, des penchants philanthropiques qui se dessinent et le travail qui prend le dessus. Il est temps, car si les premiers examens sont faciles, le dernier ne se passe pas si aisément, et il n'est guère d'usage ici de se représenter indéfiniment avec l'espoir que la persévérance du candidat touchera les examinateurs.

Tous ceux qui ont passé à l'université au temps de Tom Brown s'accordent à vanter la fidélité du tableau ; mais ce temps est déjà loin ; le vent de la réforme a-t-il soufflé par ici? C'est ce que nous verrons.

Oxford, au revoir !

II

Cambridge, mai-juin 1886.

Cambridge s'élève en pays plat sur les rives de la Cam : le chemin de fer l'approche de loin, avec respect, comme pour ne pas la déflorer, et aucun nuage de charbon n'en obscurcit l'atmosphère. La statistique lui reconnaît une population aussi nombreuse que celle d'Oxford, mais le visiteur lui trouve une apparence plus resserrée, des rues plus étroites, un parfum plus patriarcal. L'*alma mater* y règne sans conteste, et toute la vie se concentre autour d'elle ; c'est une république littéraire gouvernée par un sénat dont la juridiction s'étend à un mille de distance dans la banlieue.

Ses monuments, au lieu d'être disséminés dans la ville, se sont réunis comme pour être mieux admirés, et ils ont formé une surprenante avant-garde dont l'apparition subite arrache aux arrivants une exclamation enthousiaste. C'est *King's College*, aux clochetons à jour, puis le palais sénatorial et les bâtiments du Caïus et Gonville, qui se montrent ainsi à un détour du chemin ; d'autres collèges suivent, ouvrant sur la rue leurs cours majestueuses et, de l'autre côté, donnant sur les parcs au milieu desquels circule la rivière.

Il est quatre heures ; des escouades de périssoires de bois verni glissent à sa surface ; dans les prairies, une soixantaine de jeunes gens jouent au *tennis*. Cela, c'est la note gaie, la note moderne ; des promeneurs passent dans les longues avenues ombragées ; point de maisons de ce côté, rien que des arbres. Le meilleur moyen d'apprécier ce qu'on appelle ici : *The backs of the colleges (oh! shocking)*, c'est encore de monter soi-même une de ces séduisantes petites périssoires aux coussins confortables et de suivre le fil de l'eau entre les rives gazonnées ; on voit venir à soi, à travers les vieux arbres séculaires, la monumentale façade de Saint-John ; la rivière en baigne les murs et passe sous un « pont des soupirs » délicieusement sculpté et percé de fenêtres grillées. Puis l'on sort de la ville, et la Cam s'élargit en fuyant vers la droite : un barrage vous arrête ; au delà, c'est la navigation sérieuse, c'est le domaine des *eight-oars*. Dans l'autre sens, le paysage est plus verdoyant ; les ponts se succèdent couverts de lierre et de glycine ; des petits canaux transversaux se perdent sous le feuillage ; à l'entrée de l'un d'eux, un canoteur aimable m'informe que je vais à un marécage près duquel on ne tourne pas sans difficulté.

— *You are a stranger in Cambridge?*
— *Not only in Cambridge but in England.*
— *German, perhaps?*
— *Frenchman.*
— *Frenchman, oh* [1] *!*

Et, levant son chapeau avec un demi-sourire de courtoisie, il me dit :
— Vive la république !
Je réponds :
God save the Queen!
Et nous nous séparons.

Les collèges sont rangés sur la rive de gauche, les uns tout près de l'eau comme pour y chercher leur image, les autres cérémonieusement précédés de parterres à angles droits... Tout au bout, il y a un petit étang agité par les roues d'un moulin ; c'est plaisir de danser sur les vagues ! On erre à l'aventure, croisant des barques galantes où les jeunes gens promènent toute une partie de sœurs et de cousines, ou bien d'étranges bateaux à deux rames volantes qui décrivent les courbes les plus extravagantes, et toute la flotille des périssoires, tantôt filant joyeusement, tantôt paresseusement arrêtées le long des berges ; des solitaires y lisent et l'on ne voit émerger, tout d'abord, qu'un livre et un chapeau parfois estompés dans la fumée légère d'une cigarette.

Aujourd'hui a eu lieu la dernière lecture de la saison : encore était-elle supplémentaire ; les cours sont finis. C'était dans une petite salle qu'égayaient les fraîches toilettes de cinq ou six étudiantes, Cambridge possédant deux collèges de femmes. Le professeur Laurie, de l'université d'Édimbourg, a donné la lecture qui avait trait à l'éducation.

Vers le soir, les rues s'animent : c'est d'abord, à six heures et demie, le flot des étudiants qui rentrent s'habiller ; la plupart

---

[1] — Vous êtes étranger à Cambridge ? — Pas seulement à Cambridge, mais aussi en Angleterre. — Allemand, peut-être ? — Français.

reviennent du *tennis* en vrais costumes d'arlequin : pantalons de
flanelle blanche, vestes de même étoffe, rayée en couleurs éclatantes, chapeaux de paille à rubans assortis; ils marchent sans bruit,
avec leurs souliers de caoutchouc, s'appellent, flânent, entrent
dans les boutiques. D'autres, par escouades, débouchent dans une
direction opposée : ce sont les *oarsmen* [1], en assez piteux état,
ceux-là, tout en nage, avec des vêtements de travail, tachés d'eau ;
ils n'ont de propre que la veste blanche galonnée aux couleurs du
collège, avec l'écusson brodé sur la poche : tous les équipages sont
là : il y a le croissant noir de Trinity Hall, le lion bleu d'Emmanuel
College et les trois roses de King's.

Cependant le carillon de Sainte-Marie la Grande, dont la tour
carrée s'élève en face du palais sénatorial, annonce sept heures,
et bientôt les cloches des collèges se mettent en branle; nouvelle
procession et apparition des manteaux noirs et des toques plates :
vieilles reliques qui sentent la basoche et constituent ici le costume de cérémonie. Il arrive encore des retardataires qui se trouvent
bien dans leur tenue de sport et, pour y rester, s'en vont au restau-
rant : on ne les force point de dîner dans les halls; mais, présents
ou non, ils payent le repas, ce qui est un argument en sa faveur.

En allant dîner à Trinity, je croise un élégant qui se rend à
quelque invitation particulière; deux diamants pour boutons de
chemise et une rose au revers de l'habit; le *cap and gown* régle-
mentaire fait là-dessus le plus singulier effet. Dans le hall, une
rangée de domestiques très corrects; au fond, sur l'estrade, deux
tables transversales pour les maîtres, les *fellows* et leurs invités.
Autrefois les étudiants nobles y prenaient place aussi, mais ce
privilège n'a été maintenu que pour les princes du sang. Je m'as-
sieds à l'ombre des armes d'Angleterre sculptées dans la boiserie,
et sous le regard du grand William Pitt, dont le portrait occupe
la place d'honneur parmi les personnages qui décorent la salle.
Autour de moi, il y a quelques vieux professeurs à la mode de nos
facultés, mais la plupart sont des hommes vigoureux qui ont dû
beaucoup aimer le *cricket;* les étudiants, dont le menu est un peu
différent, dînent rapidement; d'autres leur succèdent, que nous lais-
sons à table en nous retirant; c'est une fournée de *sportsmen* attardés.

On s'est ensuite rendu dans la *Combination-room,* grand salon
de réception orné de portraits et de rideaux de velours à crépine
d'or; chacun s'est installé à grignoter des petits gâteaux secs,
tandis que quatre flacons de vin circulaient lentement. Quand ils
ont eu accompli leur quatrième tour, le vice-maître a ramassé à

---

[1] Rameurs.

terre un vaste câble qui sortait de la muraille et se repliait sur le tapis... il y en avait long comme d'ici à Pontoise; il s'est pendu à cette grosse corde et l'a tirée puissamment; on a entendu alors dans la salle voisine un tout petit timbre argentin... *Much ado about nothing* [1] ; on a apporté du café; dix minutes après, nouvel appel et le thé s'est avancé triomphalement. Tout cela est un peu long, et il était presque neuf heures et demie quand nous sommes sortis.

L'*Union* est un club qui possède une belle bibliothèque, une salle de lecture bien fournie de toute espèce de revues et journaux et des salons pour écrire les lettres; simplicité, mais réel confort. C'est en plus la conférence Molé de l'endroit, et tous les mardis il y a débat politique; la cotisation est de 1 livre par terme (il y en a trois dans l'année scolaire) et 1 livre d'entrée; les étrangers de passage sont admis sur présentation d'un membre. Tenue excellente, va-et-vient incessant; les uns veulent chercher un renseignement de sport, d'autres s'inquiètent des votes de la veille au Parlement; les lecteurs sérieux épluchent consciencieusement la pâture politique du jour; comme journaux français, la *Justice* et les *Débats*.

Chez un étudiant : il est en train de discuter politique avec deux de ses amis déjà prêts pour les sports de l'après-midi ; son *sitting-room* est grand, dans un coin la table du déjeuner que prépare le *gyp* (domestique homme), quelques jolis bibelots, des étoffes indiennes et des étagères couvertes de livres; à côté une toute petite pièce servant d'office et de débarras, puis la chambre à coucher meublée pour l'instant d'un petit lit de fer sans rideaux, d'une grande armoire et d'un tub rempli d'eau. Êtes-vous curieux de connaître le budget d'un étudiant? Celui-ci paye son appartement 300 francs par an, il en a dépensé 450 pour le mettre en état et compte rentrer dans la moitié de ses frais à la fin de son stage; la même somme représente le prix de l'enseignement, sans compter les frais d'inscriptions, d'examens, de diplômes. L'année dernière, son chauffage lui est revenu à 200 francs, le blanchissage à 150. Quant à l'argent de poche, il estime qu'on n'a pas trop avec 35 livres (875 francs), à cause de toutes les cotisations qu'on a à verser pour les *boat-clubs*, les *cricket-clubs*, etc... En ce moment, la grande cour de Trinity est pittoresque; on voit passer dans toutes les directions des marmitons portant d'énormes boîtes de bois, peint en bleu, qui contiennent les *luncheons* que la cuisine du collège envoie aux étudiants sur com-

---

[1] Beaucoup de bruit pour pas grand'chose.

mande, depuis la côtelette du solitaire jusqu'aux folies gastro-
nomiques de ceux qui « invitent ».

La fête de l'Ascension est célébrée tout spécialement à Trinity :
le hall est resplendissant. Sur les menus, d'une longueur intermi-
nable, la liste des mets recherchés que nous allons avaler est suivie
de l'indication de l'antienne *Lift up your heads* [1], qui sera chantée
par la maîtrise du collège ; après les grands dîners, on remercie
Dieu en musique ! Toutes les places sont occupées et, çà et là, les
robes rouges des docteurs tranchent sur les costumes noirs ; ils ne
sont pas tout à fait assez nombreux pour que l'effet soit « flam-
bant ». C'est que l'on attache moins d'importance à ce titre hono-
rifique de docteur, à présent que les *fellowships* mis aux concours
sont devenus des marques de distinction si recherchées.

Les grilles sculptées qui ferment les tribunes au-dessus de la
porte sont ouvertes, et une foule féminine s'y presse curieusement
pour nous regarder manger. Le spectacle doit être beau ! Les
lumières font briller les dorures des boiseries et des cadres : il n'y
a que la voûte immense aux traverses de chêne, dont le sommet
se perd dans une demi-obscurité. Quand les « bateaux garnis de
glaces variées » ont déposé leur marchandise sur les assiettes de
chacun, on apporte l'eau de rose. C'est un immense plat creux en
argent avec deux grandes cuillers de même métal, il glisse sur la
table desservie, et chacun dépose quelques gouttes de la liqueur
parfumée dans un petit verre *ad hoc* pour y tremper ses doigts.
Puis tous se lèvent pour la prière : l'hymne, qu'un ancien organiste
du collège a composée, est un chœur sans accompagnement, à
grande allure, rappelant la musique de la chapelle Sixtine.

Dans la *Combination-room*, autre festin qui dure jusqu'à dix
heures et demie. La cour est remplie d'une vapeur blanchâtre :
les fenêtres du hall projettent des plaques lumineuses sur l'herbe,
et quand un docteur traverse les parties éclairées, il devient incan-
descent comme un échappé de l'enfer.

En me promenant dans la ville, où tout est fait pour les étudiants,
je détaille les étalages afin de voir ce qu'ils préfèrent et ce dont
ils ont besoin : « Dis-moi ce que tu achètes et je te dirai qui tu
es. » Il y a beaucoup de vendeurs de bibelots et d'articles de
ménage : c'est que si les jeunes gens ne font pas leur marché, ils
ont au moins à tenir leur maison, et il leur faut s'inquiéter d'une
foule de détails intimes et du prix courant de beaucoup de choses

---

[1] Mot à mot « levez vos têtes ».

dont ordinairement on n'est guère occupé à leur âge. « Ils sont ici, m'a dit un Anglais, pour apprendre à dépenser, pour apprendre la vie. » *Apprendre la vie*, en France, cela veut dire faire la noce!

En dehors des flanelles multicolores, le goût de l'habillement est peu développé; le chic est de ne pas en faire. Absence de selliers, c'est là une réforme égalitaire que nul décret sénatorial n'a accomplie, mais qui s'est faite d'elle-même sous la pression de l'opinion; il y a beaucoup de très bons chevaux de selle à louer, et si les plus riches en ont à eux, ils les mettent en pension et vont les chercher sans tambour ni trompette; on ne voit plus, comme jadis, des livrées voyantes, des *tandems* et des *four-in-hands*.

Les relations de *town* à *gown* sont beaucoup moins tendues : il n'y a plus de chahut le soir dans les rues, et les batailles homériques ont cessé. L'autre jour, dans Trinity street, trois larges fenêtres étaient ouvertes, et des groupes d'étudiants y chantaient à tue-tête un chœur que le piano accompagnait dans l'intérieur, concert pour rire exécuté avec le plus grand sérieux; en bas, on s'attroupait à écouter, et à la fin on a applaudi bruyamment au milieu d'une folle hilarité.

Le hasard m'a conduit devant le Christ's College, fondé en 1506, et reconstruit au dix-septième siècle. Milton y étudia et y planta un mûrier qui se porte très bien, mais que je n'ai pu arriver à rencontrer. En revanche, au Sidney Sussex, le collège d'Olivier Cromwell, j'ai pu contempler le buste de cet homme célèbre, exécuté par le Bernin. On m'a fait voir ce même jour le laboratoire de l'université : la physique, la chimie et surtout la mécanique y sont magnifiquement logées; je constate que les étudiants mettent eux-mêmes la main à la pâte et apprennent à soigner les machines; de grandes ardoises, couvertes de chiffres à la craie, tapissent les murs, et la vapeur s'échappe en fusant des tiroirs. Décidément on apprend de tout à Cambridge, il ne manque que l'enseignement agricole.

On étudie ici la théologie, les sciences morales et politiques, le droit, l'histoire, les sciences naturelles, la mécanique et les sciences appliquées, et enfin la musique : j'oubliais les langues orientales et la médecine. Il y a une différence à établir entre les *pollmen* (qui se contentent du degré ordinaire) et ceux qui travaillent pour les *honneurs*. Les programmes sont chargés et surtout les épreuves sont sérieuses; il y a des examens qui durent huit et dix jours. A présent, la disparition de l'interrogation orale est un fait accompli. A Cambridge, elle était considérée comme une prime au hasard et une source d'injustices, et on semble unanime à ne lui reconnaître aucun avantage; mais, à Oxford, les professeurs pensent différemment.

Autorisé à jeter un furtif coup d'œil dans une salle où l'on composait, j'ai été surpris d'y voir fort peu de surveillants, des pupi-

tres très rapprochés les uns des autres et des étudiants libres de
sortir s'ils en ont besoin… comme cela ne se fait pas en Sorbonne.
J'exprimais à mon guide des doutes relativement aux textes cachés
qu'on va consulter au cabinet; il m'a dit en haussant les épaules :
« Ça les regarde! S'ils veulent tricher et prendre la responsabilité
d'une si honteuse action, on ne peut les en empêcher. » Sans doute
que l'opinion ferait justice des coupables, et puis la manière dont
sont posées les questions prête peu à ce genre de fraude.

King's college a cela de spécial qu'il ne contient pas de *pollmen*,
mais seulement des candidats aux *honneurs*. Le nombre de ses
étudiants est, par conséquent, assez restreint, et il en résulte un
caractère tout particulier de gravité et de majesté. Le hall est petit,
mais fort curieux; la chapelle, une merveille de l'art gothique
anglais; King's fut intimement relié à l'École d'Eton, près Windsor,
par Henri VI, leur commun fondateur, et, longtemps, on n'y reçut que
des *etonians*. Encore à présent, les *scholarships* leur sont réservées.

M. Waldstein, l'éminent archéologue bien connu, qui réside à
King's, s'est aimablement offert à me montrer le *Fitzwilliam
museum*, dont il est directeur. C'est un bel édifice du style grec,
renfermant la galerie de tableaux, la bibliothèque et les objets d'art
que le vicomte Fitzwilliam a légués à l'université. L'escalier-vesti-
bule qui donne accès au musée est tout de marbre et d'or.

La collection contient de beaux spécimens de toutes les écoles.
J'admire une suite d'aquarelles de Turner, le peintre anglais tant
célébré par ses compatriotes. Incontestablement, il a d'éminents
mérites de coloriste, mais ce devait être un homme sans suite dans
l'idée, habile, surtout, à fixer les fugitives impressions du moment;
ses aquarelles ont ce caractère d'imprévu et d'instantané; ce sont
des notes prises en passant, et si justes, que, en ne les regardant pas
de tout près, on croit voir des détails qui ne sont pas sur la peinture. Il y en a une de Venise, réussie au point que deux traits et
deux touches suffisent à rendre le paysage entier!

M. Waldstein, qui m'a aussi fait visiter le petit amphithéâtre
dans lequel il donne ses leçons, me montre à présent… une très
jolie jument avec laquelle il va aller se promener : il monte beaucoup en chasse l'hiver, chez des amis d'Irlande, et a même couru en
steeple incognito! Il m'avait défendu de le dire, parce que ce n'est
point d'un « professeur sérieux ». Mais il me pardonnera ma déso-
béissance, car je n'ai en vue que le bien de ses collègues de France,
parmi lesquels je voudrais que ce sportsman, aussi aimable que
savant, fît école; l'archéologie s'en trouverait fort bien; cela lui
donnerait beaucoup de relief.

La *may-week* approche : c'est la série des fêtes qui termine bruyamment l'année scolaire; il y a des concerts, des régates et des bals dans les collèges. Ce soir, pour commencer, grand banquet du *Carlton-club*, sous la présidence de lord George Hamilton : il a lieu à l'hôtel de ville, et on portera des toasts politiques qui, dans l'université, auront autant de retentissement que le discours du Premier à l'installation du lord-maire. Dans quelques jours, le même local subira une transformation pour le bal des francs-maçons, durant lequel il y a un changement de costumes entre les principaux dignitaires. La franc-maçonnerie, qui compte pas mal d'étudiants dans ses rangs, a, en Angleterre, un caractère ouvertement conservateur.

A Trinity, quand le temps est beau, on délaisse, après le dîner, la *Combination-room*, pour aller jouer aux boules dans un *ground* situé entre le collège et les bâtiments voisins de Saint-John : il est réservé aux professeurs et aux *fellows*, qui aiment encore ce jeu antique si à la mode dans la vieille Angleterre : le parterre de gazon est entouré d'une muraille de verdure taillée avec une symétrie mélancolique. Le jardinier, qui est homme de goût, a saisi le caractère du lieu et tenté d'y réunir les fleurs qu'aimaient nos ancêtres : plantes longues et minces, très simples, avec de grosses pétales aux nuances éclatantes, s'alternant dans un dessin géométrique; c'est une vraie restitution digne des costumes moyen âge qui se détachent sur ce paysage. Il ne manque que l'emploi de la langue latine pour compléter cette excursion dans le passé.

Miss Gladstone, fille du *Grand old man*, est vice-principale de Newnham-college, l'un des deux lycées féminins que le sénat a reconnus par décret du 24 février 1881, en admettant leurs élèves à subir les épreuves finales. Newnham est hors de la ville, mais à une faible distance : cinq minutes de marche, après le petit étang; on tourne à gauche et des deux côtés d'une route poudreuse paraissent les bâtiments. Le North hall est une assez jolie construction, élevée malheureusement dans un désert, et dont les briques rouges aimeraient à se détacher sur une fraîche et profonde verdure.

Miss Gladstone pousse la gracieuseté jusqu'à me faire elle-même les honneurs de son collège. Partout une peinture uniforme et des lambris de sapin. Quelques portes s'ouvrent pour me montrer des chambres d'étudiantes : la plupart égayées par des fleurs et des bibelots; ce sont toujours de petites pièces, presque des cellules. Le réfectoire a une apparence de table d'hôte avec un petit cachet de tempérance; on dirait la salle à manger d'un hôtel suisse perdu dans la montagne.

Le South hall, où réside la principale, miss Clough, qui a beaucoup fait pour l'émancipation des femmes, contient une vaste et confortable bibliothèque, dont les rayons sont chargés de livres de science, d'histoire et de droit; par les fenêtres, j'aperçois, dans le jardin, quelques toilettes coquettement chiffonnées. Il y a des étudiantes un peu partout, lisant, écrivant, rêvant. Dans les corridors, on rencontre des petites bonnes à tabliers blancs et à guimpes.

Le collège contient environ cent' seize élèves ; il est administré par un conseil composé de douze hommes et de neuf femmes. La principale a un pouvoir très étendu : à elle de juger si les élèves profitent de leur séjour à Newnham ou s'il est préférable qu'elles se retirent. Le prix est de 25 guinées par terme : cela fait 1950 francs par an tout compris. On doit être rentré le soir à six heures trente, et il faut une permission spéciale pour accepter des invitations en ville.

Le sénat n'admet les femmes qu'aux honneurs. Il leur refuse le diplôme ordinaire, afin de n'avoir que des candidates sérieuses. Ce qui est étonnant, c'est le nombre de mathématiciennes depuis la fondation. La plupart sont devenues maîtresses dans des maisons d'éducation en Angleterre ou dans les colonies et jusqu'en Nouvelle-Zélande ; j'en note une qui est *visiting teacher of mathematics in London* [1]. Miss Gladstone et miss Clough vont participer à la *may-week* en donnant une *garden-party*, pour laquelle les invitations sont déjà lancées.

Autre collège de femmes ; celui-là (*Girton*) est situé en pleins champs, très loin de Cambridge ; les élèves sont conduites en voitures aux lectures universitaires qui leur sont ouvertes, ou bien s'en abstiennent. C'est un grand château de briques avec beaucoup de plantes grimpantes et des velléités d'architecture. En me montrant ses jolis corridors en sapin ciré, miss Welsh, la principale, a comparé son établissement à un couvent ; c'est bien cela ; un couvent modernisé, libéral, démocratique ; mais après tout, la règle est assez sévère ; ce sont des « oiseaux » laïques. Une jeune fille, qui étudie la géométrie (la malheureuse !) dans sa jolie chambre, paraît fort occupée d'un *match* de *lawn-tennis* qui a eu lieu hier et dans lequel Newnham a battu Girton !... A quand les équipages féminins pour les régates ?

Retour à Cambridge par un très joli détour ; le pays change d'aspect ; il se creuse, se vallonne et les arbres, d'abord disséminés à la normande, se groupent le long des routes, s'entassent aux revers des coteaux, noircissent l'horizon. Le chemin traverse un pittoresque petit village dont les chaumières semblent sorties de l'imagination de Kate Greenaway. Des bébés blonds interrompent

---

[1] Leçons de mathématiques à domicile.

leurs jeux pour regarder curieusement qui passe sur la route ; on
voit leurs petites têtes sérieuses sortir d'une herbe épaisse et touffue
toute parsemée de fleurettes blanches et dans laquelle ils se vautrent
délicieusement. Le village se nomme Maddingly : en face, sur une
hauteur, une grande habitation : c'est là que résidait le prince de
Galles, quand il étudiait à l'université, dont alors son père était
chancelier. La colline gravie, on retrouve la contrée un peu plate et
uniforme, mais fraîche et aérée, qui entoure Cambridge, dont les
campaniles se dressent au loin dans une brume bleuâtre.

Passe un jeune homme sur un cheval gris pommelé, suivi d'un
chien ; il se promène pour se reposer du *tennis* : il a encore ses
souliers de caoutchouc et son chapeau de paille. Au loin Girton
college flamboie sous un rayon oblique du soleil couchant, et dans
les bois de Maddingly, les ombres s'allongent sur les prairies.

Luncheon à une heure et demie chez le comte ***, étudiant de
troisième année à Trinity. — Le comte a infiniment de choses
intéressantes dans son salon : d'abord beaucoup de photographies
des pays les plus lointains, car si jeune qu'il soit, il a déjà fait
le tour du monde, visité les Indes, l'Amérique et le Japon : sur
une vitre, il me montre une imperceptible signature, — Edward,
— tracée à la pointe d'un diamant par la main du prince Albert-
Victor de Galles : le futur roi d'Angleterre a gravé là le souvenir
de son récent passage à l'université. — Mon hôte est représenté
au milieu d'un groupe de ses amis, en jockey, avec la culotte
blanche et la chemise de soie rayée : mais le sport n'est pas sa
seule occupation à en juger par le bureau surchargé de livres et de
papiers qu'il a quitté pour me recevoir : on lui sait d'ailleurs un
talent d'orateur naissant, et sans doute il ne passera pas beaucoup
d'eau sous les ponts de la Cam, avant qu'il ne prenne place à la
Chambre des communes. Le repas est très élégant et bien servi :
le comte a invité la mère et la sœur d'un de ses camarades, qui sont
ici en passant : une jeune fille chez un célibataire ! Mœurs fran-
çaises, où êtes-vous ?

L'office du dimanche soir se célèbre dans les collèges avec une
grande solennité : M. Stanford, organiste de Trinity et compositeur
dont l'Irlande est fière, s'élève avec moi jusqu'aux hauteurs qu'habite
son bel instrument, pendant que dans la nef les surplis de chœur
s'avancent en procession : étudiants, scholars, fellows, tous ont
revêtu le même costume ecclésiastique : les hauts dignitaires ont
en outre sur les épaules une écharpe bordée d'hermine. On chante
les psaumes sur des motifs que leur richesse empêche d'être mono-

tones : cette musique a le cachet mi-théâtral, mi-religieux, qui distingue les chants grégoriens. Interrompus parfois par la lecture des leçons, les chœurs reprennent croisés, exaltés, enthousiastes. La chapelle est pleine et la tenue excellente. Le soleil lance capricieusement de brusques rayons par les vitraux, faisant surgir tout à coup dans leurs tuniques enflammées les graves personnages qu'un éclectisme savant a rassemblés là : monarques, docteurs, ermites : Newton à côté d'Élisabeth, et Henri VIII en face de saint Georges.

La rivière, au sortir de Cambridge, fait un coude et revient, élargie, vers la ville dont elle atteint l'extrémité nord : c'est là que sont les *boat-houses*. Ce sont des pavillons contenant, au rez-de-chaussée, une sorte de vaste hangar où les bateaux et les avirons sont rangés; et, au premier, des vestiaires et un salon : on y atteint par un escalier extérieur; devant la maison s'étend une terrasse; la berge est en bois pour accoster facilement.

C'est un moment d'entraînement en vue des régates qui inaugurent la *may-week;* les longs bateaux spécialement construits pour atteindre les plus grandes vitesses passent et repassent avec leurs huit rameurs : il y a là l'équipage du First-Trinity (Trinity a trois clubs) aux couleurs blanche et noire, et celui du Clare college (jaune et noir). D'autres se mettent en route : les hommes de service apportent les avirons et tirent l'immense bateau de dessous le hangar; avec mille peines et précautions on le met à l'eau, et les jeunes gens s'installent : les voici au milieu de la rivière le corps tendu et prêt à partir comme un ressort quand aura retenti la voix du *barrer : Are you ready?* Sur l'autre rive, d'une grande bâtisse en plâtre est sorti un cheval tout sellé : un homme en tenue de canot, avec les jambes nues et la veste de flanelle, saute sur son dos et suit au grand galop, sur la berge, pour inspecter et voir si tout va bien.

Encore un bateau qui apparaît au tournant! L'équipage est harassé; on accoste près de l'herbe pour prendre un moment de repos, et les rameurs s'étalent au soleil sans avoir la force de prononcer une parole : tout à l'heure, quand le capitaine donnera le signal, chacun retournera à son aviron sans un murmure ni une observation.

Dans chaque collège, il y a au moins un *boat-club;* les clubmen, sans la moindre intervention autoritaire, construisent les *boat-houses*, équilibrent leur budget, décrètent le montant de leurs cotisations et élisent leurs chefs, tout cela avec un remarquable esprit de discipline et de hiérarchie démocratique. Les cotisations sont ordinairement de une livre, avec une entrée de même valeur.

Le *Prince-of-Wales-restaurant* est très fréquenté; la petite salle est pleine de sportsmen ; il y en a toute une bande qui dîne copieusement et joyeusement à une grande table ; les autres mangent peu et très à la hâte ; quelques bouchons de cliquot sautent au plafond. Voici une mode nouvelle : c'est une urne de métal argenté, très haute, avec deux anses et une serviette roulée autour de l'orifice. On l'apporte aux convives de la grande table, et elle semble fort lourde ; chacun à son tour la prend par les deux anses, la soulève un peu et... disparaît dedans ! C'est positif : s'ils boivent, pourquoi boire si lentement et rester trois quarts d'heure dans cette urne comme pour y puiser des inspirations ?... Elle s'en va de mains en mains, revient, repart : on se la repasse sans cesse, elle est inépuisable ! 10 shellings à qui expliquera pour quel motif les étudiants de Cambridge piquent une tête dans une urne argentée, entourée d'une serviette blanche.

Mardi, jour de débat à l'*Union*. La grande salle est comble ; dans son fauteuil dort un président soliveau qui n'a guère plus à faire que son modèle de Westminster, et auquel on s'adresse en parlant pour suivre en tous points les coutumes parlementaires. Des deux côtés, les membres du comité : dans les tribunes des étrangers, beaucoup de femmes venues pour la *may-week* et désireuses d'entendre leurs fils ou leurs frères, peut-être même leurs fiancés. On discute la question d'Irlande.

Celui qui parle est un tory : un grand jeune homme bien tourné, qui doit avoir vingt et un ans ; son langage est correct, dénué d'artifices de style : on sent la préoccupation d'exposer nettement les idées et de les faire bien saisir. Il y a plus de talent et d'habitude chez celui qui lui répond et qui est, me dit-on, un très *clever fellow*. Il défend Gladstone et, rappelant une chanson américaine populaire dans la guerre de Sécession, déclare que si le *home rule bill* est mort, son âme vivra toujours et reviendra animer un autre corps. L'ironie est bien maniée, assez vive parfois sans cesser d'être courtoise ; les mots viennent facilement et frappent juste. La série des discours se poursuit, et Gladstone, qui sert si bien à exercer les jeunes orateurs, devient tour à tour ange ou démon : en général, ton élevé mis au service d'idées déjà arrêtées et raisonnées. La comparaison avec notre conférence Molé est presque à la défaveur de cette dernière, surtout si l'on remarque qu'il n'y a ici que de très jeunes gens, les mêmes qui donnent le meilleur de leur temps à la vie athlétique.

Les arguments ne peuvent jeter une bien vive lumière sur une question tant de fois discutée ; celui-ci pourtant a sa valeur. Après avoir retracé l'état révolutionnaire dans lequel se trouve l'Irlande,

« S'il s'agissait d'autres que d'Irlandais, a dit un tory, on les force-
rait d'obéir aux lois existantes, et l'on n'appellerait pas cela faire de
la *coerçion* : pourquoi cela prend-il ce nom quand il s'agit de
l'Irlande? — Il y a des lois; changez-les si le pays le veut : c'est
bien. Mais jusque-là il *faut* qu'on obéisse à celles qui existent. » —
C'est du simple bon sens et cela a produit un certain effet. En
résumé, tout le contraire des Français qui commencent par faire
des phrases et en avançant en âge arrivent à leur donner un sens :
ici l'idée vient en première ligne, l'expression ensuite : le moyen
passe après le but.

Comme je m'en reviens assez tard, j'aperçois au fond de la cour
de Saint-John les fenêtres du hall brillamment illuminées; les vieux
personnages flamboient sur un fonds de fournaise... quelques accords
s'en viennent jusqu'à la rue, où s'arrête en ce moment un antique
véhicule sonnant la ferraille et ressemblant bien vaguement à une
calèche : de là descendent deux dames en toilettes claires, envelop-
pées dans leurs sorties de bal, des fleurs et des diamants dans les
cheveux... sur le perron un jeune homme en habit noir les attend!

... La fête durera peut-être fort avant dans la nuit et à l'aube
naissante, dans Cambridge endormie, toutes les figures de pierre,
dont plusieurs se souviennent sans doute d'avoir vu passer la cour
d'Henri VIII, discoureront en soupirant sur les modes nouvelles!

III

Oxford, novembre 1886.

Le rideau se lève sur un décor déjà vu : mais le bon Dieu n'a
pas besoin de changer les décors, il se contente de modifier l'éclai-
rage et produit ainsi des effets suffisamment variés. Plus de ciel bleu
ni de teintes chaudes : c'est le vrai moment de reporter les regards
vers le coin du feu et de faire des études d'intérieur; et si nous
allons commencer par nous promener c'est histoire de gagner
de l'appétit pour le *luncheon* que mon ami M. Lynch commande
en passant. La cuisine de Christ-church-college est voûtée et
immense : on y voit dès l'abord tant de broches, d'instruments
noirs, de chaînes, de fourneaux... qu'on se prend à songer aux
salles de torture de la sainte inquisition, et les blancs cuisiniers qui
se meuvent au milieu de ces choses sombres, ce sont les aides du
bourreau... le bourreau lui-même est dans une petite cabane vitrée
où il s'occupe à feuilleter de gros registres, et nous n'avons pas trop
de nos trois imaginations pour arrêter les raffinements d'un supplice

succulent. Un aide me fait ensuite visiter l'établissement en grand détail. Je m'approche avec respect de la cheminée où des masses de viande à la Gargantua rôtissent devant des feux d'enfer, j'inspecte de grandes jattes de crème fort appétissantes, et je ne suis pas bien sûr même de n'avoir pas aidé à peler des pommes à l'aide d'une petite mécanique ingénieuse.

Ce côté de Christ Church donne sur de grandes prairies... Mais, que les temps sont changés ! il y avait là des allées ombreuses hautes comme des cathédrales; le feuillage formait la voûte, et sur le sable le soleil dessinait une mosaïque lumineuse. Aujourd'hui plus que des troncs dépouillés grimaçant dans le brouillard.

La rivière apparaît bientôt avec la longue enfilade des *boat-houses* qui méritent doublement ce nom, car ce sont des constructions flottantes. L'Isis, — ou plutôt la Tamise, — est assez large et les *eight-oars* s'y meuvent facilement. Les *boat-houses*, que l'on atteint par des passerelles, sont rangés côte à côte, peints aux couleurs des clubs, parfois décorés d'armoiries ou même de statues allégoriques. Par les fenêtres, on voit d'élégants salons avec divans, tables pour écrire et cheminées où brûlent de bons feux; à côté du salon, le vestiaire; le toit sert de terrasse où les spectatrices privilégiées prennent place les jours de courses; mais ce matin les plate-formes sont désertes et les mâts vénitiens veufs de leurs drapeaux. Nous pénétrons dans celui de Christ Church. Un divan de cuir capitonné court tout autour : le panneau au-dessus de la cheminée est orné des portraits des anciens présidents et des *oarsmen* célèbres... Ailleurs la marche des courses, avec les progrès et pertes de chaque club pendant les dix dernières années, est représentée au moyen d'un dessin graphique.

Seul l'*University boat-house* ressemble à ceux de Cambridge : c'est une construction de briques, tout entourée de balcons blancs et séparée de l'eau par un carré de gazon en pente douce. Là, la Tamise reçoit le Cherwell et, abandonnant Oxford, se dérobe aux regards par un brusque détour. La route suit l'affluent au-dessus duquel se penchent des aulnes et des tilleuls; de temps à autre apparaît à un tronc d'arbre une blanche bouée de sauvetage, destinée aux suicidés qui voudraient l'emporter avec eux pour le cas où ils changeraient d'avis, une fois dans l'eau.

Trouvé ce billet laconique sur la table en rentrant : *I have no motion for the Wolsey : have you* [1] *?*

The Wolsey est une conférence récemment fondée sous la présidence de M. Lynch. Elle comprend environ seize membres, tous de

---

[1] Je n'ai pas de motion pour la Wolsey; en avez-vous?

Christ Church, et les réunions hebdomadaires se tiennent chez
l'un d'eux : on y discute une motion affichée quelques jours à
l'avance et ayant trait généralement à la politique, mais on aborde
aussi les sujets économiques et même littéraires. Le membre zélé
qui a déposé le billet était en quête du prochain sujet de discussion ; après réflexion, voici celui qui a été arrêté : *That this house
approves of a monarchical government being restored in France* [1].

Un autre est venu dans un but plus futile : il a retourné le buste
de Gladstone contre la muraille ; le propriétaire s'étant aperçu de
cette muette protestation d'un camarade unioniste remet le grand
homme à l'endroit.

Keble-college a été bâti par souscription publique et on lui a
donné le nom de John Keble, célèbre professeur de l'université.
La charte d'incorporation (6 juin 1870) déclare que le but des fondateurs a été « de procurer l'enseignement académique et une vie
économique à ceux qui désirent rencontrer ce double avantage
combiné avec celui d'un enseignement chrétien basé sur les prin-
cipes de l'Église d'Angleterre ». Cela répondait à un besoin, et un
mouvement très marqué s'est fait sentir dans ce sens ici comme à
Cambridge, où il y a déjà plusieurs fondations du même genre.

Keble est moderne de style comme d'esprit, et l'architecte a fait
preuve d'originalité et de talent, en élevant cette grande construction qui abrite déjà beaucoup d'étudiants.

En face s'ouvre le parc de l'université. Tout le centre n'est qu'un
vaste pré, divisé en quadrilatères pour les parties de *foot-ball* qui
se jouent autour d'un élégant pavillon, produit des souscriptions
d'un club quelconque. De l'intérieur on peut suivre, grâce aux
fenêtres en glaces, les jeux engagés de divers côtés. Un match
vient de finir : les joueurs en nage, couverts de boue, s'échappent
du champ où se dressent les grandes fourches-caudines blanches
sous lesquelles il s'agissait de faire passer le ballon. Il y a des
physionomies contractées par l'effort des muscles, et leurs proprié-
taires ne parlent pas, ayant déjà bien assez à faire de pouvoir
respirer. Par-dessus leurs tricots, ils ont remis des vestes bleues aux
armes du collège, puis encore ces grands ulsters à pèlerine qui font
reconnaître partout les fils d'Albion, et ils s'en vont en bandes
silencieuses trouver « at home » un fauteuil et du thé.

D'autres enragés, profitant des dernières lueurs du jour, se dé-
mènent encore dans l'humide brouillard qui glisse sur l'herbe ; les

---

[1] Cette assemblée approuverait la restauration d'un gouvernement mo-
narchique en France.

spectateurs qui bordent le théâtre du combat font entendre de temps à autre des clameurs d'encouragement « *Well played! Exeterrr Well played, Oriiiiel*[1], et des salves d'applaudissements accueillent les hauts faits.

En revenant, nous sommes entrés au *musical-club*, qui est bien aménagé : il y a séance une fois par semaine; on ne se borne pas à jouer du piano, on exécute des quatuors d'instruments, on chante des chœurs; les bonnes volontés se groupent d'elles-mêmes, et tout cela s'organise sans difficultés. La salle est grande, dénuée de luxe, mais on y trouve un mobilier confortable, des journaux, un choix de liqueurs pour les grogs et un grand piano à queue.

Le joli appartement de C*** est très illuminé; l'eau pour le thé fait entendre la petite chanson chère aux oreilles britanniques, et les fauteuils se peuplent de jeunes gens qui entrent en disant *good evening*, ou en entamant directement la conversation : on ne tend point la main. C'est du temps perdu entre gens qui demeurent si près les uns des autres et se voient si souvent. Mais les portes restent toujours ouvertes, et l'on pénètre les uns chez les autres avec une liberté fraternelle qui ne dégénère pas en indiscrétion. L'un des visiteurs apparaît dans le singulier costume ci-dessus décrit; il enlève son uslter et s'effondre sur un sopha; il bredouille en parlant, tellement il est encore hors de lui des suites du *foot-ball*, ce qui ne l'empêche pas de s'ingurgiter une tranche colossale de *plumcake*, capable d'en réduire un autre au silence éternel; ce n'est pas pour rien que l'aimable **M.** Waldstein appelait ces gâteaux du nom pittoresque de *sudden death*[2]. Entre temps, j'examine l'ameublement, les tableaux, gravures, bibelots, étoffes indiennes semées partout avec un à-propos qui surprendrait certaines Parisiennes. On fait de la musique; la musique est ici de toutes les réunions, et la vraie, la sérieuse : Wagner, Raff, Beethoven et surtout Schumann et Chopin sont les auteurs préférés. C*** déchiffre à quatre mains avec un camarade : les conversations continuent par bribes : il est agréable de causer en musique; le ton dans toutes ces réunions est très gai, *cheerful;* les sujets sont ceux de la vie quotidienne; rien de malsain.

Dîner à Christ Church, dans le hall, sous les yeux d'Henri VIII, d'Élisabeth et du cardinal Wolsey qui fonda le collège en 1525 : un éblouissant cordon de gaz court à la hauteur des fenêtres au-dessus des boiseries. Le hall est presque ausi beau que celui de Trinity, à Cambridge; mais les domestiques ne sont pas en livrée; peut-être

[1] Bien joué, Exeter! bien joué, Oriel.
[2] Mort subite.

que Christ Church n'est pas aussi riche que Trinity, qui est affligé d'un revenu de 52 000 livres sterling (1 300 000 francs).

Dans la soirée, il y a séance à l'Union. On discute ... les mérites de Gladstone, pour changer; à l'aide d'une formule assez vague, on a trouvé moyen de ramener le débat sur l'éternelle question qui intéresse tout le monde; néanmoins la salle est un peu vide. Quatre ou cinq orateurs se font entendre, parmi lesquels le jeune Peel, fils du speaker de la Chambre des communes et petit-fils du grand Robert Peel. Les arguments ont été pesés d'avance et numérotés; le commencement et la fin, appris par cœur; le milieu, laissé à l'inspiration du moment; c'est un excellent exercice : *Good training.* Ceux qui n'osent encore affronter l'Union, apprennent à vaincre leur timidité dans les réunions hebdomadaires des petites assemblées comme la Wolsey. En France, nous ne comprenons guère que le travail préparé et lu; nous ne pratiquons pas la discussion orale sur un sujet donné avec défense de *lire;* en Angleterre, les plus petites villes ont leur *Debating Society.* — L'Union possède une magnifique bibliothèque : les salons sont éclairés à l'électricité; voilà qui n'est pas moyen âge!...

C'est l'hiver; il a répandu dans l'air son âcreté qui rend la vie plus intense et les idées plus nettes; dans les taillis du parc, il n'y a plus que les sapins, les indomptables sapins qui tranchent sur le fouillis grisâtre des branches mortes; et la rivière, à sa surface morne, lourde comme du plomb fondu, ne reflète plus qu'un ciel incolore et les troncs noueux qui s'inclinent sur ses rives; à travers la brume tombe une clarté diffuse; les ritournelles de toutes les cloches d'Oxford, secouées dans des clochers invisibles, invitent les fidèles à célébrer l'office du matin... Encore trois dimanches, et c'est Christmas qu'elles annonceront; Christmas, la fête du Nord et du *home,* deux choses qu'il faut aimer pour la comprendre! L'université alors sera déserte; c'est au sein de sa famille qu'on doit manger le gâteau de Noël, et, pour ce jour-là, les plus indépendants reprennent le chemin du foyer; c'est peut-être le seul dans l'année, où l'Anglais ne puisse supporter la solitude et l'éloignement.

Hier soir, l'Armée du Salut, à laquelle la présence de la maréchale Booth cause un redoublement de ferveur, a parcouru les rues; une fanfare, entourant la bannière, défilait d'abord sur un rythme guerrier; puis venait le cortège des fidèles, suivis d'une affiche colossale qui vous invite à vous convertir sans perdre un millième de seconde. La maréchale fait une tournée : jusqu'ici elle avait tonné contre les joies matrimoniales, mais elle s'est ravisée et prend un de ses capitaines pour prince consort : une note insérée dans tous les journaux *autorise* les membres de la secte à *offrir* des présents aux fiancés.

Je ne pense pas que l'Armée du Salut recrute ici beaucoup de soldats; mais on ne saurait dire le nombre d'associations et de ligues dont les étudiants font partie, depuis celles qui ont pour but la propagation d'une idée, d'une doctrine, la réalisation d'un fait, jusqu'à celles qui, comme l'*Imperial Federation League*, ont un intérêt général et ne tendent à rien moins qu'à changer la constitution politique du pays. Sur une plus petite échelle, cette tendance si générale des Anglais à se grouper, à s'unir, se manifeste dans l'intérieur même de l'université; et non pas seulement pour le sport, mais pour la déclamation, les recherches historiques, l'étude de Shakespeare, la tempérance, etc..., bref pour les objets les plus divers.

Mon ami D. P. est un grand blond au regard bleu froid, aux traits accentués, à la carrure d'athlète. La première fois que je l'ai vu, il m'a dit simplement : *My name is P..., I live in... college and I shall be glad if I can be of use* [1]. Sur sa physionomie on lit la décision et la fermeté, la bonté du cœur alliée à un peu de sécheresse, l'esprit cultivé mais étroit et comme enchaîné, l'imagination pacifiée ne connaissant ni débordement ni exaltation; on y lit surtout l'âme maîtresse du corps et tout cela est utile, tend vers un but, marche dans le même sens avec une régularité de machine.

Près de lui j'en placerai par contraste un autre qui est une nature de poète enfermée dans la calme et solide enveloppe de l'homme du Nord; il rêve parfois, et la tendance de son esprit est vers le mysticisme; mais il saura se contenter d'un bonheur pratique et aspirer, comme les autres, à faire sa tâche en ce monde.

Chez tous ceux que j'ai approchés, j'ai trouvé le germe déjà développé de cet individualisme qui est le trait dominant de l'Anglo-Saxon et que nous appelons improprement *égoïsme*. Ils sont persuadés qu'en ce monde, pour que les choses aillent bien, il faut que chacun s'inquiète surtout de ses affaires et pas de celles du voisin : c'est l'inverse de la doctrine catholique qu'en sauvant les autres, on se sauve soi-même. L'Anglais n'admet point cela; il est responsable de lui-même, et ce n'est qu'après y avoir pourvu qu'il pensera au prochain. Ces jeunes gens seront comme leurs pères; ils auront rarement besoin de leurs semblables et encore moins du gouvernement; ils aiment déjà à ne compter que sur eux. Le *public school* et ensuite l'université ont développé en eux une grande initiative, jointe à une remarquable maturité de jugement.

---

[1] Je m'appelle P..., j'habite tel collège, et je serai content si je peux vous être utile.

A présent, les idées peuvent venir ; celles qui y sont déjà sont raisonnées et arrêtées ; mais il y en a peu, et surtout des vérités, des
notions pratiques... Le sentiment que le monde est fait de telle
façon et qu'il faut s'y installer de son mieux. Habitués à manier de
l'argent et à faire leurs comptes, ils n'hésitent point devant une
grande dépense dont le profit leur apparaît bien clairement ; prendre
sur le capital pour voyager, par exemple, leur semble une opéra-.
tion avantageuse, et, plus tard, ils ne regarderont pas à diminuer
la fortune de leurs enfants pour leur donner une éducation plus
complète et plus *raffinée*.

C'est chose extrêmement facile de faire parler les Anglais, à con-
dition de ne pas s'y prendre avec eux comme avec les autres.
Employer les compliments, la flatterie, chercher à pénétrer dans
leurs bonnes grâces, à gagner leur confiance, c'est perdre son
temps : les confidences étant à leurs yeux une chose tout à fait
superflue. Mais, qu'ils découvrent un but, un objet à vos questions,
qu'ils comprennent qu'un intérêt vous pousse, ne fût-ce qu'un
intérêt de psychologue, ils deviennent suffisamment expansifs et
très simplement s'ouvrent à vous.

T., qui termine son stage, est le troisième de quatre frères ; il a
aussi deux sœurs. L'aîné, héritier d'une très belle fortune, vit avec
ses parents à la campagne, au milieu d'un grand luxe de chevaux,
de chiens et de chasses ; son frère, ici, ne peut avoir de cheval à lui
et, bien que menant une existence assez large, doit regarder à certaines dépenses ; il étudie la mécanique et les sciences naturelles.
Quand il aura fini, il ira en Amérique et trouvera à employer ses
talents d'ingénieur. Il n'a pas de goût pour la colonisation ; au contraire, celui qui le précède immédiatement est *squatter* en Nouvelle-
Zélande, dans une partie très isolée où il ne voit personne, si ce
n'est, une fois par an, à l'époque du tondage des moutons ; il s'est
marié avec une Australienne, fille d'un clergyman, et a déjà deux
enfants. L'aîné aussi va se marier avec une noble lady, fille d'un
duc, et T. s'en réjouit, parce que cela va consolider encore le pres-
tige de sa famille. Je lui expose notre système successoral, et il le
trouve stupide. « Nous sommes six, me dit-il, en partageant nous
aurions chacun environ 50 000 livres par an, et notre famille serait
dans une position tout à fait ordinaire et presque pauvre à la
deuxième génération ; au lieu de cela, mon frère en aura 300 000 et
nous soutiendra tous par son crédit. »

La perspective de faire son chemin lui-même ne l'effraye pas ; il
est, comme tous ses camarades, persuadé qu'à bras solides et cœur
vaillant rien ne résiste.

Soirée de départ et d'adieu. Nous faisons du vin chaud selon une
recette locale dans laquelle il entre des ingrédients multiples. En
face, au second étage, il y a un *wine* auquel beaucoup de *freshmen* [1]
sont, sans doute, invités; de trois grandes fenêtres illuminées s'é-
chappent des clameurs folles, des rires incessants, et, bientôt, une
chanson dont le refrain est repris en chœur; le bruit des voix, des
chaises, des tables se mêle peu harmonieusement aux accords d'une
valse échevelée; et les échos de Christ Church, malgré leur longue
expérience, ne savent plus comment s'y prendre pour répercuter ce
joyeux tintamarre. Quand, à de rares intervalles, un calme relatif
s'établit, on entend, à l'autre extrémité de la cour, un musicien
solitaire qui joue un nocturne de Chopin, et puis le sifflement de la
bise glaciale qui fait vaciller la flamme des réverbères... Et, soudain,
le chahut reprend avec une croissante intensité.

« Fen dé brut! » comme disait l'ami de Tartarin, le célèbre
Excourbaniès, faisons du bruit! C'est si bon! Il y a peut-être
quelque chose de meilleur, c'est le vin chaud à la Oxford.

[1] Etudiants de première année.

www.ingramcontent.com/pod-product-compliance
Lightning Source LLC
LaVergne TN
LVHW012107170726
843501LV00008BC/2790